MATTHIEU MERIOT

SENTIMENTS POSITIFS

AF143766

Editions BoD

*A mes parents qui m'ont toujours soutenu dans le monde de l'écriture et des livres !*

*Pour mes proches que j'aime et toutes les personnes qui me soutiennent au quotidien.*

*Mais également pour vous, lecteurs et lectrices.*

*Merci infiniment d'avoir choisi ce livre !*

Matthieu MERIOT

{Ne jamais baisser les bras}

On m'a toujours dit qu'il été trop facile de baisser les bras. D'abandonner quand il y a une difficulté quelconque. Il est vrai que de vouloir laisser tomber à chaque erreur, c'est beaucoup trop simple. Je peux comprendre que certaines personnes ont énormément de difficultés, mais est-ce que vouloir tout arrêter est la bonne solution ? Moi je ne pense pas. Je m'explique.

Abandonner, surtout quelque chose qu'on aime, c'est finalement donner raison aux autres, aux personnes qui nous ont plus ou moins rabaissées à certains moments. Et il ne faut surtout pas. Il faut leur prouver que vous êtes largement capables de faire de belles choses vous aussi ! J'ai une solution pour vous aider à faire le point sur vous.

Asseyez-vous sur quelque chose de confortable. Fermez les yeux. Et ne pensez à rien pour le moment. Respirez et expirez un bon coup. Voilà, vous êtes prêts.

Retournons quelques années en arrière.

Souvenez-vous des bons moments. Ceux qui vous rendent heureux et à chaque fois que vous y repensez, ça vous procure un bien fou. Le positif est là, ne cherchez pas plus loin. Je suis tellement heureux que vos bons souvenirs remontent à la surface grâce à mes conseils !

## {Avoir confiance en soi}

Je me souviens à l'époque où j'étais scolarisé, les professeurs disaient que je devais me faire confiance moi-même. Je n'étais jamais certain de réussir les exercices à faire par exemple. Mais c'est valable pour tout, même dans la vie de tous les jours. Il est important d'apprendre à se faire confiance pour réussir les objectifs que l'on se donne.

En fait il faut se poser et réfléchir à tout ce que l'on a réussi à faire de bien jusqu'à présent. Je vais prendre mon exemple.

L'écriture est la passion que j'ai découverte il y a quelques années. Depuis je n'arrête pas d'écrire sur mon ordinateur, et je voulais absolument être édité. Mais hélas, les portes de l'édition traditionnelle (donc dans des maisons d'éditions classiques), ne se sont pas ouvertes pour moi. Alors je suis tombé en dépression en pleurant tous les jours et en me disant que je ne réussirai jamais à me faire connaître, moi et mes ouvrages. Heureusement, un jour en faisant mes recherches sur internet, je suis tombé sur l'autoédition. Quand j'ai vu que l'autoédition est vraiment un moyen très intéressant de se faire connaître et que l'auteur peut tout gérer à cent pour cent, je me suis dit que c'était parfait ! Par la suite j'ai donc auto-édité quatre livres. Celui-ci est mon cinquième. Je suis très heureux d'être en autoédition. Comme ça l'auteur peut tout contrôler. Il n'a pas d'éditeur et de maison d'édition sur le dos qui lui mettent la pression pour avoir des livres à éditer, pour en vendre le plus possible. Le monde entier peut profiter de mes livres sans forcément être édité dans une maison d'édition classique ! C'est vraiment génial et la rémunération est également plus importante !

Je pensais ne jamais réussir mais quand je vois le parcours que j'ai fait jusqu'à aujourd'hui, je peux être très fier de moi ! J'ai de très belles communautés sur les réseaux sociaux qui me suivent et me soutiennent chaque jour. Je ne peux pas être plus heureux ! Merci infiniment à toutes les personnes qui sont présentes depuis le début et qui m'aident aussi à faire connaître mes livres en en parlant autour d'eux ! C'est magnifique et je souhaite sincèrement réussir encore et encore ! J'y crois et je sais que j'en suis largement capable !

Vous aussi croyez en vous et en vos rêves ! Si on a la passion, la sincérité, le travail, et la patience, tout peut fonctionner ! Il suffit de croire en son travail et en soi ! Et puis même si ça ne marche pas, c'est déjà un très beau parcours d'avoir fait la démarche d'aller jusqu'au bout pour au moins essayer ! Il n'y aura pas de regret.

{Accepter les erreurs}

Parfois, il arrive que nous n'acceptions pas nos erreurs, ni nos échecs. Mais pourquoi ? Sans doute parce qu'on a peur de mal faire. Et pourtant ce n'est pas si grave de mal faire. Il suffit simplement de prendre confiance en soi. Tout part de là. La confiance en soi est indispensable pour réussir ce que l'on souhaite. Je sais à quel point il est délicat d'accepter les erreurs que nous commettons, mais il faut savoir se relever, parce que dans la vie il y aura toujours des échecs. Il y a des hauts et des bas comme on dit ! On a toujours des moments de doute et d'hésitation, c'est normal ! Mais il ne faut pas s'arrêter pour ça. C'est vraiment dommage de ne pas aller jusqu'au bout des choses par manque de confiance en soi. On est tous capables de faire quelque chose, il suffit de croire en soi.

{Penser à soi}

Il y a quelques temps, lorsque j'étais au lycée, un camarade de classe m'interpelle et me dit que je pense beaucoup trop aux autres et pas assez à moi-même. Il avait raison, et c'est encore le cas aujourd'hui. Je pense beaucoup à tout le monde, je leur tends la main, je les aide, je les comprends mais qui pense à moi en retour ? Qui pense à mon bonheur ? Honnêtement je ne sais pas du tout, enfin, je pense qu'il y a quelques personnes, c'est déjà bien et j'en suis très content !

{J'assume qui je suis}

Je ne sais pas si vous l'avez remarqué, mais je suis une personne très douce, très gentille, très joyeuse et très souriante ! Et si j'ai réussi à devenir ce que je suis devenu aujourd'hui, c'est parce-que j'arrive à m'assumer. Je pense que vous l'aurez compris, je suis homosexuel. Je suis amoureux des garçons de mon âge oui. Je sais que je fais un coming-out dans ce nouveau livre, mais j'en ai besoin, j'ai ce besoin important en moi d'assumer qui je suis réellement pour avancer dans ma vie. Je ne vois pas pourquoi je me cacherais. Nous sommes en 2020, nous avons le droit d'être nous-même. Pourquoi se cacher après tout ? De toute façon les gens s'en rendent forcément compte à un moment ou à un autre car nous avons une attitude différente, mais tout aussi agréable !

Il ne faut pas juger les personnes LGBTQIA+ parce-que ce sont des êtres humains. Ils vivent, ils souffrent, ils sont sensibles, comme tout le monde. Il n'y a pas de honte à être ce que l'on est. Il faut apprendre à vivre avec les différences des uns et des autres. Personne n'est parfait et je trouve ça minable de juger quelqu'un sur sa façon d'être. Il n'y a personne au-dessus des autres, même si beaucoup pensent le contraire, malheureusement…

Personnellement, depuis que j'assume mon homosexualité sur les réseaux sociaux et dans mes livres, je suis bien plus heureux et je le vis beaucoup mieux ! D'ailleurs, je précise qu'un homosexuel comme d'autres personnes du côté LGBTQIA+ n'est pas malade, elle est juste différente et elle ne mérite absolument pas que des idiots s'en prennent à elle. On est en 2020, chacun fait ce qu'il veut. Ce n'est pas forcément un choix, c'est juste comme ça ! Il faut apprendre à l'accepter même si c'est compliqué pour certains.

J'entends celles et ceux qui disent que ce n'est pas naturel, oui et non. Enfin après c'est plus compliqué, c'est un autre débat !

{A nos côtés}

Quelques fois nous ne nous rendons pas compte, mais le bien-être et le bonheur sont juste là, à nos côtés. Il suffit de bien regarder autour de soi, et de se dire qu'ils existent bel et bien et qu'on y a le droit. Pourquoi certains y auraient le droit et pas d'autres ? Il faut penser à soi mais aussi aux autres. Il ne faut pas être égoïste et penser qu'à sa petite personne. Il y a forcément des moments où l'on doute des autres, et ce n'est pas une bonne chose car par la suite, avoir confiance en quelqu'un c'est délicat. Moi je n'arrive pas à faire confiance aux gens car j'ai toujours le sentiment qu'ils vont soit me manipuler où me faire du mal, alors que ce n'est pas du tout le cas. C'est psychologique mais normal de se méfier. Il vaut mieux être méfiant que pas du tout.

## {Continuer de vivre}

Vous savez, il existe des tas de malheurs dans ce monde, même énormément. Il y a le bien et le mal, et il ne faut pas laisser le mal s'installer et paniquer. Il y a encore de très belles choses à faire. Je sais à quel point c'est très difficile d'être positif quand beaucoup de soucis vous tombent dessus, il faut apprendre à relativiser. Il y a sans doute une solution. On dit que chaque problème à sa solution, et je pense sincèrement que c'est le cas. Il y a toujours plus malheureux que soi. Toujours.

Il y a certains de mes proches qui ne sont plus de ce monde, alors je continue à vivre pour eux. C'est à la fois un hommage et une envie de vivre à fond ! La vie est bien trop courte pour la détruire, ne pas penser à soi et la louper. Je ne le répéterai jamais assez, mais il y a tellement plein de belles choses à faire et à découvrir, dans ce monde beau et mystérieux. Je vous assure que vous auriez tort de vous priver de certaines choses. Beaucoup n'ont pas la chance d'avoir ce qu'on a en France, alors profitons-en pour eux ! Ce sera sans doute un très beau cadeau !

{La douceur des mots}

Je me rends compte avec le temps, que les mots que l'on dit aux autres ont une très grande importance. L'importance du respect. Ce respect je l'avais perdu car quand il m'arrive d'être très mal, je me braque et j'attaque les gens sans raison. C'est très rare mais quand ça se produit, je me sens responsable et je prends conscience que personne ne mérite de subir ma colère. Alors je pleure dans ma chambre et quelques minutes plus tard, je suis beaucoup mieux, notamment dans ma tête. J'ai besoin de pleurer pour évacuer mes colères et mes peines. Je vous assure que ça fait beaucoup de bien et que l'on se sent mille fois mieux après cette dure étape.

Certains ne veulent pas montrer leurs sentiments, mais pourquoi ? Je n'ai jamais compris. Il n'y a pourtant pas de honte à dévoiler aux autres nos souffrances. Tout le monde est humain, tout le monde à un cœur pour aimer. Alors pourquoi cacher les blessures qui nous hantent ? Elles sont en nous, nous ne pouvons peut-être pas les oublier, mais nous pouvons apprendre à vivre avec. Nos blessures seront à jamais dans notre tête. La seule et meilleure chose à faire c'est d'apprendre à vivre avec, et à en tirer du positif car même dans une situation très délicate il y a toujours un point positif, même tout petit voir invisible. Rechercher le positif au fond de vous-même et vous verrez que ça fait énormément de bien de le voir et de le ressasser. Car c'est une première onde positive, et je suis sûr qu'il y en a plein d'autres, il suffit de bien regarder autour de soi !

{Pleurer puis sourire}

Quand je suis au plus mal, j'ai besoin de pleurer, puis quelques minutes plus tard, j'ai besoin de sourire. Sourire à la vie. J'ai tellement passé d'épreuves très difficiles que je veux continuer à me battre pour le bien. Je dois poursuivre ce que j'aime pour apporter du positif à un maximum de personnes. J'ai besoin d'aider les gens pour me sentir bien en moi, que ce soit physiquement ou psychologiquement. Il faut que le bien soit partout. Toutes les belles personnes méritent le bien-être. Vous aussi vous y avez droit. On peut tous apporter de belles choses dans ce monde. Il suffit de les rechercher au fond de nous. Je dis régulièrement « Je pense qu'il y a toujours une personne sensible et forte en chacun de nous. »

{Penser}

Arrêtez-vous quelques minutes puis fermez les yeux. Ne pensez plus à vos souffrances mais à votre bien-être, à toutes les belles choses qui vous sont arrivées dans la vie. Il y en a forcément une, peut-être cachée mais qui est là, en vous. Respirez profondément et ne réfléchissez plus à rien. Prenez votre temps surtout.

Cet exercice permet de ne plus se prendre la tête et d'avoir le sourire à la fin d'une journée par exemple. Il faut le pratiquer quand vous ne vous sentez pas bien. Moi ça m'aide beaucoup et ça me permet de me sentir libéré de ce qui me tracasse. Essayer et vous verrez !

{Le repos}

Quand je ne suis pas bien, je dois dormir. C'est le moyen de ne plus penser et de reposer notre cerveau et notre corps. Le cerveau est l'organe qui contrôle tout, alors il a besoin de faire une pause de minimum sept à huit heures par nuit pour se ressourcer et reprendre son rythme. Je ne vous cache pas qu'il m'arrive de faire une à deux nuits blanches par an parce-que je ne trouve pas le sommeil. Mais je me rattrape à la nuit prochaine !

Si vous ne dormez pas, votre corps ne vas pas suivre. Vous allez être épuisé, mal en vous et vous n'allez pas faire les choses correctement, comme travailler. Le sommeil c'est une pause nécessaire pour permettre de vous sentir bien et être prêt à commencer votre journée avec le sourire et la bonne humeur ! Il le faut pour le moral et votre réussite !

Chaque matin je me réveille en me disant que je vais passer une très bonne journée et que je vais faire ce qui me plaît et ce que j'aime plus que tout ! Je me valorise tout en restant confiant et même si dans le pire des cas ma journée se passe mal, le soir je peux pratiquer mon exercice de respiration. Après l'avoir fait je suis très bien, et parfois, il m'arrive même de m'endormir ! Si c'est le cas c'est une très bonne chose ! Ça veut dire que l'exercice a très bien fonctionné et que vous aviez besoin de repos !

{La joie de l'écriture}

L'écriture, la passion qui m'apporte beaucoup au quotidien.

Sans elle je n'aurais jamais su extérioriser ce que je ressens au fond de moi. Toutes les choses positives comme négatives. Il existe plein de façons de dire mes pensées, mais pour moi, l'écriture restera ma préférée !

D'ailleurs je compte continuer dans ce domaine. C'est ce que j'aime plus que tout. Si vous aussi vous avez une passion, n'hésitez-pas à l'utiliser pour votre bien-être. Pour ma part c'est l'écriture, mais il y en a pleins d'autres !

L'avantage de l'écriture, c'est que l'on peut dire tout ce que l'on a sur le cœur. C'est vraiment libérateur et on se sent tellement bien après avoir couché sur papier nos ressentis. C'est en quelque sorte un journal intime. Il est important de mettre ses sentiments sur du papier pour se sentir mieux, notamment dans sa tête. Il faut sortir de nos têtes nos réflexions et pensées. C'est souvent beaucoup plus simple à l'écrit qu'à l'oral. C'est mon cas.

{Aimer les autres}

Je sais qu'il est particulièrement
compliqué d'apprécier chaque
personne, car elles sont toutes
différentes, mais il faut prendre sur soi
et réussir à dépasser cette limite. Il faut
éviter d'être impulsif parce-que
beaucoup de gens vont le ressentir, et
ce n'est jamais bon signe. Il faut se
calmer et accepter la personne comme
elle est. Je suis quelqu'un de très
fragile et sensible, d'ailleurs, je ne
m'énerve presque jamais. Ce n'est pas
du tout mon tempérament. Je n'ai
jamais été une personne qui hurle pour
se faire entendre. Je suis plutôt doux.
C'est ma façon d'être.

J'ai toujours accepté les
personnes comme elles sont. Je ne vois

pas pourquoi je me permettrais de les juger.

{Malade mais pas vaincu}

Depuis quelques années, je souffre de certaines maladies : l'obésité et l'asthme. Et quelquefois, il peut m'arriver de me ''faire des films''. De m'imaginer des choses qui sont fausses ou qui n'existent pas. Ça s'appelle la schizophrénie. C'est une maladie mentale qui touche en général des personnes de 15 à 30 ans. A l'heure où j'écris ces lignes, j'ai 21 ans.

Je n'ai jamais compris pourquoi je souffre de ces maladies qui souvent peuvent prendre le dessus sur moi. Mais la plupart du temps je dois me calmer et dormir pour qu'elles passent. C'est une astuce. En dormant ça repose mon corps et notamment mon cerveau qui se remet à zéro. Une fois que je suis levé, je me sens en pleine forme et je suis très souriant !

Quant à l'obésité, c'est compliqué pour moi de ne pas manger entre les repas. Les troubles du comportement alimentaire sont très difficiles à gérer. Mais je dois essayer car je suis encore très jeune donc c'est plus simple pour perdre du poids, plus on vieillit plus c'est délicat.

D'ailleurs, je souffre également d'asthme et de crises de spasmophilie.

L'asthme c'est une maladie respiratoire. Je prends de la Ventoline en cas de crises, mais ça fait quelques années que ce ne m'est pas arrivé, c'est un beau progrès !

En revanche, depuis quelques années je souffre de crises de spasmophilie, ce sont des crises d'angoisse pour moi. A chaque fois que je suis très angoissé, je sens en moi une énorme pression. Je peine beaucoup à respirer, je cherche de l'air, je sens que je m'étouffe et mon cœur bat beaucoup plus vite. Il me faut soit de la Ventoline soit me rassurer car c'est psychologique. Par ailleurs je me pose la question, est-ce qu'une crise d'angoisse peut provoquer une crise d'asthme ? Et l'inverse est-il également possible ? Je n'en ai aucune idée. En fait ces crises sont impressionnantes mais peuvent vites se calmer avec les bonnes choses à faire, rassurer la victime et lui donner de la Ventoline. Je peux vous dire que ça calme et qu'après vous vous sentez épuisé, vous avez même envie de dormir. C'est tout à fait normal car ce genre de crises sont épuisantes et difficiles à gérer pour les gens qui ne savent pas quoi faire sur le coup. Il ne faut surtout pas que les personnes autour de moi paniquent, sinon c'est perdu d'avance. Je ressens énormément les choses, surtout les gens qui ont peur et qui paniquent. Il faut être calme, c'est la seule et unique solution pour faire face à ce genre de situation. Il ne faut jamais paniquer dans un moment compliqué, je sais que c'est très délicat, mais il le faut. Rester zen comme on dit !

{La musique}

Écouter de la musique permet non seulement de se faire du bien aux oreilles mais aussi de se reposer. Dans ces moments-là, je pense surtout à de la musique douce, donc plutôt de la musique instrumentale/classique.

J'ai un exemple en tête. Si un jour vous êtes stressé ou en colère, calmez-vous et écoutez de la musique reposante et relaxante, ça va vous permettre de vous calmer petit à petit. Je suis plus souvent stressé alors c'est ce que je fais et ça m'aide énormément à me ressourcer et même à me déstresser. Je pense à autre chose et je me focalise sur ce que j'écoute. De temps en temps il faut savoir passer à autre chose et avoir la tête ailleurs, pour soi mais aussi pour l'entourage car eux le ressentent aussi.

Il y a tellement de variétés d'artistes plus ou moins connus. Il en faut pour tous les goûts, et je suis vraiment content qu'il existe des millions de musiques ! Chaque personne peut s'identifier à au moins un morceau. C'est l'avantage !

{Le bonheur de l'auto-édition}

Ah l'écriture, une sacrée passion !

Ça fait quelques années que je me suis mis à écrire mes propres livres, et je suis vraiment heureux d'avoir parcouru ce chemin grâce à l'auto-édition.

L'auto-édition est un nouveau moyen de se faire connaître. Elle permet de se publier en format papier et numérique et d'avoir une meilleure rémunération pour chaque ouvrage. Bien sûr c'est payant, dans mon cas, je paye un peu moins de 30 euros pour un livre édité. Je suis chez BoD (Books on Demand), en français ''livres à la demande'', c'est-à-dire que le livre est disponible sur les sites de vente en ligne et sur les librairies en ligne. Il est imprimé à la demande, c'est-à-dire que vous pouvez le commander à partir d'un seul exemplaire. N'importe qui peut en commander autant qu'il le souhaite, et cela dans n'importe quel pays ! J'ai ce que l'on appelle une "distribution internationale", ce qui permet à plein de pays d'en profiter et c'est vraiment ce que j'apprécie énormément !

Le monde entier peut profiter de mon livre sans passer par une maison d'édition classique. En revanche attention, je ne dis pas que les maisons d'édition sont des voleuses, je dis simplement qu'il y a malgré tout autant voire plus d'avantage en auto-édition.

Si vous avez énormément de visibilité sur les réseaux sociaux, l'auto-publication est l'idéale ! Si aucune maison d'édition ne veut de votre œuvre, c'est une bonne chose pour commencer. Beaucoup d'auteurs, qui ont plus ou moins réussi, veulent rester en auto-édition pour pouvoir être beaucoup plus libre ! C'est mon cas !

Sachant que dans ce domaine, contrairement à l'édition classique, vous devez vous débrouillez pour promouvoir votre livre et le vendre le plus possible. En auto-édition vous n'êtes plus seulement écrivain, vous êtes également votre propre manager, votre propre attaché de presse, votre propre éditeur, etc…

Vous devez tout faire de A à Z et je vous conseille d'avoir une très bonne communication sur les réseaux sociaux. Le bouche-à-oreille fonctionnera aussi avec le temps, et si votre livre plaît aux gens, plus ils vont en parler et le recommander autour d'eux.

Aujourd'hui ça fait presque 3 ans que je me suis lancé dans l'auto-édition, et je suis admiratif de ce processus. Mes livres se vendent dans le monde entier, principalement en France mais aussi aux États-Unis, au Royaume-Uni, en Suisse, en Belgique, au Canada et en Espagne. Et je suis sûr que d'autres pays vont suivre !

Même si je me rends compte que mes livres fonctionnent très bien avec le temps, je me considère encore comme un petit auteur qui progresse à chaque nouveau livre. Pour moi un auteur auto-édité qui a vraiment très bien réussi, c'est 10 000 exemplaires de vendus.

Pour vous donner une idée, en presque 3 ans j'en suis à plus de 1400 exemplaires vendus dans le monde. Je suis déjà extrêmement content de ce résultat car généralement les auto-édités ne parviennent pas à ce niveau. Bien sûr j'encourage tous les auteurs et futurs auteurs à faire de l'auto-édition. Ça vous permet de vous faire connaître et peut-être qu'un jour, une grande maison d'édition vous repérera et vous publiera ! C'est ce que je vous souhaite de tout cœur !

Quant-à-moi, je pense rester en auto-édition car c'est ce qui me plaît, et j'ai envie de continuer ainsi. Je me sens plus libre, plus heureux, et je peux tout gérer. Je suis tellement heureux d'être devenu ce que j'ai toujours voulu être, même si je n'en vis pas pour l'instant. Mais je souhaite en vivre un jour, ce serait le plus beau des cadeaux !

## {Rester réaliste}

Comme je le répète très souvent, mes proches m'ont dit de rester réaliste, autrement dit, rester les pieds sur terre et ne pas s'imaginer une "nouvelle vie", etc.

On peut réussir dans un domaine, mais il faut savoir rester la tête froide et persévérer sans pour autant se prendre pour une star par exemple. Et déjà à savoir que des millions de personnes essayent, mais que très peu sont ceux qui réussissent à en vivre. Le monde artistique est très difficile car la rémunération est aussi très basse comme pour le métier d'écrivain, mais si vous avez cette vraie passion en vous, l'argent viendra petit à petit et surtout croyez en vos œuvres !

Je comprends parfaitement que vous soyez passionnés et que vous ayez envie d'en vivre tout de suite, moi aussi j'étais très pressé, mais vous allez vous rendre compte qu'il faut du temps et beaucoup de patience. Tout ne vient pas en un claquement de doigts !

{Prendre le temps de bien faire}

Il existe des personnes qui sont très passionnées par leur passion. Le seul inconvénient, c'est qu'une fois vraiment passionné, on veut tout de suite avoir fini avant d'avoir commencé. On veut tout de suite avoir terminé alors qu'il faut parfois des mois et des mois pour parvenir à faire ce que l'on souhaite. Je pense qu'il vaut mieux avancer doucement mais sûrement et garder un certain rythme, plutôt que de faire n'importe comment et de se louper. Ce serait vraiment dommage ! Prenez votre temps surtout, et pensez à faire le mieux possible. Vous serez toujours jugé, surtout dans le milieu artistique. Il faut prendre en compte uniquement les remarques qui peuvent vous faire avancer. Celles qui sont constructives et non destructrices. Je pars du principe que tout le monde a un talent pour quelque chose, il est plus ou moins caché mais nous sommes tous capables de réussir de très belles choses. D'ailleurs beaucoup de gens n'ont pas confiance en eux, et du coup, ils n'osent pas forcément avancer. Mais l'avantage c'est que l'art est devenu presque abordable pour tout le monde. Bien sûr je peux me tromper, mais nous avons beaucoup de plus de facilité aujourd'hui, je vais reprendre mon exemple d'écrivain. Sans l'auto-édition je n'aurais jamais pu avancer autant et réussir à faire connaître mes livres dans le monde. Après certaines personnes préfèrent garder leur passion comme un art, même s'ils réussissent à en vivre ! Moi je sais que si j'ai la chance de percer dans le monde de l'écriture, je souhaiterai la garder comme passion et avoir un travail à côté pour être sûr de vivre correctement ! Comme ça je sais que si un jour ça s'arrête, je peux continuer à vivre normalement avec mon métier et assurer mes arrières, sans stress. Par ailleurs, je vous conseille de faire la même chose. On ne sait jamais ce qui peux arriver du jour au lendemain.

{Faire la part des choses}

Comme je vous le disais dans les pages précédentes, il faut faire la part des choses entre les bonnes et les mauvaises critiques, surtout dans le milieu artistique. Vous en aurez toujours. Il y aura aussi des gens qui vont vous soutenir, et vous détruire. Il faut faire la part des choses et prendre du recul sur votre passion. Vous faites certainement des erreurs et c'est normal car vous commencez, vous êtes nouveau et ne soyez pas dur avec vous-même. Je suis quelqu'un qui essaye de positiver malgré mes échecs, faites comme moi ! Je prends note des bons conseils et les personnes qui essayent de me détruire je ne m'en occupe pas car je sais qu'elles n'en valent pas la peine. Je suis quelqu'un qui analyse beaucoup n'importe qui donc je sais reconnaître les bonnes et mauvaises personnes. Je ressens énormément les sentiments des gens. Je sais reconnaître quelqu'un qui est froid ou au contraire, qui est heureux !

{Sincérité avec vous}


Je suis sincère, oui.

Beaucoup de gens pensent qu'il n'existe plus de personnes sincères, et pourtant, je suis véritablement une personne qui est et qui restera sincère avec vous. Je n'ai aucun intérêt à vous mentir, à dire n'importe quoi ou à vous juger. Je suis une personne qui a besoin de se sentir soutenu. Je veux être comme je suis tous les jours avec vous : souriant, gentil, sincère, honnête et apporter mon soutien à des gens dans le besoin. C'est très important pour moi de faire le bien, puis surtout, d'être présent pour les personnes en difficulté. Il faut être solidaire et aider car je pense qu'il y a des pays bien plus malheureux que nous en France. Il y a des pays où ils n'ont rien du tout, même pas de quoi s'alimenter. En France on peut s'estimer heureux parce-que nous avons tout à portée de main comme le confort, l'électricité, l'eau, etc... Beaucoup de pays n'ont pas cette chance. Il faut profiter de la vie et du bonheur que nous avons actuellement, au lieu de toujours critiquer et de se plaindre.

Il faut parfois regarder les autres et se dire que ce que nous avons est déjà énorme, pas besoin de toujours en vouloir plus.

Je suis quelqu'un qui veut et qui a besoin d'aider les autres pour être bien dans sa tête, psychologiquement je veux dire. Je trouve ça beau qu'il y ait encore des personnes solidaires comme moi-même et beaucoup d'autres. Il faut savoir tendre la main aux autres, et dire ''Je suis là.'', avec un grand sourire, ça ne coûte rien et ça fait toujours plaisir !

{Persévérer, ne jamais abandonner}

Quoi que l'on fasse, il faut persévérer pour réussir. Je me suis toujours dit qu'il été plus simple d'abandonner que de se battre au maximum et de continuer pour arriver à ses fins. C'est trop facile de laisser tomber. Si j'en suis capable, vous l'êtes aussi !

Je sais que c'est particulièrement compliqué quand on manque de confiance ne soi. Oui je sais ce que c'est car j'en manque encore aujourd'hui. Je suis constamment hésitant à faire les choses. Et pourtant je fais de mon mieux sans me soucier des mauvaises personnes. Je sais à quel point c'est plus facile à dire qu'à faire, mais si j'ai réussi, pourquoi pas vous ?

Un de mes proches disait toujours ceci :

— Matthieu, tu es un jeune homme capable de réussir beaucoup de choses si tu t'en donnes les moyens. Tu es quelqu'un de fort, et si tu en es capable, les autres aussi !

Et cette phrase m'a à la fois ému et touché.

Alors s'il vous plaît, n'abandonnez pas vos rêves ! Beaucoup peuvent se réaliser si vous vous en donnez les moyens de réussir ! Après il y a la chance qui peut faire les choses. Laissez-vous une chance d'être heureux et de vous faire plaisir. C'est très important pour le mental et la confiance en soi !

{La vie continue}

Au départ je ne me sentais pas du tout capable de réussir dans l'auto-édition. Je ne pensais même pas vendre 100 exemplaires, et aujourd'hui, je me rends compte que je suis entièrement capable de réussir ce que je souhaite !

Certains disent que je suis écrivain, d'autres disent que je n'en suis pas un car je n'en vis pas. A vous de voir !

Avec ce livre, je voulais vous apporter mon expérience avec mes solutions, mes motivations, mes aides, mes envies, etc…

J'espère sincèrement qu'il vous aura plu ! Je souhaite qu'il serve à un maximum de personnes également.

{Remerciements}

Tout d'abord, je tiens à remercier mes proches pour leur soutien, car sans eux, cette aventure dans l'auto-édition n'existerait pas.

Je tiens également à remercier, l'équipe de mon éditeur : BoD (Books on Demand), pour leur confiance et leur travail !

Et enfin, merci à vous, lecteurs lectrices d'avoir choisi ce livre. Merci de votre confiance et de votre bienveillance. J'espère que ce livre vous aura apporté ce que je souhaite vous transmettre avec mes mots et ma façon de voir les choses !

Merci à tous !

Edition : BoD – Books on Demand

12/14 rond-point des Champs- Élysées,
75008 Paris

Impression : Books on Demand
GmbH, Norderstedt, Allemagne

ISBN : 9782322254361

Dépôt légal : octobre 2020